44
b

LETTRE

A

MON AMI,

Sur l'avantage, démontré par l'expérience, de concentrer l'exécution du Pouvoir suprême dans les mains d'un seul.

PAR LE PRÉSIDENT DU CANTON DE JARNAC-CHARENTE, EX-LÉGISLATEUR.

Il n'est que deux formes de gouvernement, l'une bonne et l'autre mauvaise.

HELVÉTIUS, *chap.* 9, *section* 9.

A PARIS.

AN XIII — 1804.

Se trouve à Paris, chez CAPELLE et RENAND, Libraires-Commissionnaires, rue J. J. Rousseau.

Et à Angoulême, chez BROQUISSE, Libraire.

ADRESSE

*Des Présidens des Colléges Electoraux
et de Canton du département de la
Charente ;*

RÉDIGÉE et présentée par l'Auteur, le 18
Frimaire an XIII,

A SA MAJESTÉ L'EMPEREUR DES FRANÇAIS.

SIRE,

LES sentimens que nous éprouvons
en présence de votre Majesté, sont ceux
de tous les Français. Au seul nom de
Bonaparte l'esprit s'élève et s'enflamme ;
on se rappelle tout ce que le génie mi-
litaire, secondé par une vaste et sage
politique, peut enfanter de plus grand
et de plus merveilleux.

C'est ainsi, sous les heureux auspices
de la reconnoissance nationale et de la
haute réputation du chef de l'Empire,

que se présente sur le théâtre du monde le gouvernement français ; et dans les sentimens de la plus juste admiration, chaque citoyen s'applaudit d'exister sous le règne le plus paternel qui ait jamais embelli la terre.

Sire, que l'Eternel veille sur vos jours ! et puissiez-vous goûter jusqu'à la dernière vieillesse cette pure félicité d'avoir tout fait pour la gloire et la prospérité de la nation française.

LETTRE

A

MON AMI,

Sur l'avantage, démontré par l'expérience,
de concentrer l'exécution du Pouvoir su-
prême dans les mains d'un seul.

———————

L'INQUIÉTUDE que vous manifestez, mon cher
Ariste, sur la nouvelle forme de notre gouvernement, ne m'engagera point à vous faire
ce reproche, que la défiance qui survit au dan-
ger est le plus souvent un signe de mauvaise
foi, et presque toujours une preuve d'exagération ; la délicatesse de vos sentimens me ga-
rantit la droiture de vos intentions. Votre inquiétude provient sans doute des idées que
vous vous êtes formé en raison des différens
systêmes sur la liberté qui nous ont été présen-
tés pendant le long cours de la révolution : je
vous rends néanmoins cette justice, de croire
que vous avez vu avec douleur les funestes
effets qui en sont résultés ; mais des maximes
généreuses jetées à dessein au milieu du chaos
des idées révolutionnaires, afin d'en adoucir

et faire adopter les principes destructeurs, au-
ront égaré votre esprit et séduit votre cœur.

Dans un siècle où la probité se mesure au
seul niveau de l'intérêt personnel, où la corruption des mœurs nous conduit au renverse-
ment des saines opinions, où l'ambition couvre
de fleurs les pièges qu'elle tend à la crédulité,
où, à la faveur d'un style enchanteur et des
plus séduisans projets, l'erreur s'empare de tous
les esprits et se glisse dans tous les cœurs ; on
ne doit rien voir de plus essentiel que de four-
nir à des ames honnêtes un préservatif contre
ce genre de séduction. C'est dans cet esprit
seulement que je vous écris cette lettre.

Après avoir traversé les longs orages de la
révolution, nous nous trouvons dans cet état si
voisin du calme, qu'il permet et provoque même
la méditation ; c'est alors le moment favorable
où chacun de nous peut appeler sa propre expérience au secours de sa raison, pour la faire
servir au bonheur général. Il est plus que jamais nécessaire de fixer notre attention sur cet
ordre de vérités, que nos fautes ont paru ob-
curcir quelque tems, et que ces fautes mêmes
doivent aujourd'hui nous rendre plus sensibles.
D'ailleurs, c'est en comparant notre état actuel
avec celui dont nous sortons, que nous perdrons
dans le sentiment des plus douces espérances

le triste souvenir des maux que nous avons éprouvés.

Vous avez été victime des abus du gouvernement monarchique : on vous a dit qu'un gouvernement démocratique étoit le seul qui pouvoit nous procurer le bonheur, et vous avez pensé qu'à l'aide de ce gouvernement chaque citoyen auroit la libre jouissance de sa personne, de ses propriétés, de son industrie; c'étoit votre vœu, c'étoit celui de tous les hommes de bien. Avons-nous obtenu cet heureux résultat du mouvement révolutionnaire? Non sans doute : des maximes généreuses et bienfaisantes, proclamées avec emphase, n'ont produit que le désordre et les plus grands excès. Vous en conclurez donc que la meilleure théorie, en fait de gouvernement, doit être soutenue par des moyens puissans d'exécution, dont la force coactive devient indispensable au maintien de l'ordre et de l'harmonie sociale; que ces moyens consistent nécessairement dans le droit que doivent avoir les gouvernemens d'obliger tous les membres de la société à être justes les uns envers les autres.

En effet, les passions des hommes leur font trop souvent perdre de vue ce qu'ils se doivent réciproquement, et leur légèreté leur fait trop souvent oublier que leur bien propre est lié à celui de leurs semblables. Il faut alors dans chaque société une force toujours subsistante, qui soit capable de ramener ses membres à l'observation des devoirs qu'ils semblent méconnoître. Cette force se nomme gouvernement, et cette force, vous l'imaginez bien, ne doit pas être la force d'inertie.

Nos spéculateurs révolutionnaires ont longtems et vainement disputé quelle étoit la meilleure forme de gouvernement, et les mieux intentionnés n'ont acquis à la suite de leurs recherches sur cette question importante, qu'un petit nombre de vérités morales ; savoir que rien ne ressemble plus aux hommes du passé que ceux du présent ; que leurs passions sont partout les mêmes ; qu'elles sont plus ou moins actives, plus ou moins modérées, selon le degré de force ou d'énergie des gouvernemens qui doivent en diriger la marche.

Je veux bien croire cependant, j'aime même à me le persuader, que le plus grand nombre des hommes est bon ; mais soutiendroit-on qu'il est sage et éclairé ? S'il est des opinions qui nous éclairent, combien d'autres qui nous abusent ! L'art de bien dire est une séduction qui les propage ; mais ceux qui disent le mieux sont-ils toujours ceux qui font ou qui pensent le mieux ?.... Je n'ignore pas cependant que les

talens de l'orateur ne doivent point être né-
gligés : les graces sont propres à rendre la vérité plus touchante ; mais l'homme qui a profondément pensé, n'a pas toujours le talent de
bien parler ; de même que celui qui possède
ce talent si justement vanté, n'a pas toujours
péniblement médité. Quoiqu'il en soit, après
avoir beaucoup raisonné ou déraisonné, afin
d'obtenir un résultat satisfaisant, on est obligé
de recourir à l'expérience.

Des hommes de génie, savans en théorie, ont
dit affirmativement que le gouvernement démocratique étoit le meilleur de tous les gouvernemens ; mais l'expérience des siècles cons-
tate que c'est moins à la forme des gouvernemens qu'à l'esprit de justice et de bienfaisance
de ceux qui gouvernent, que les nations doivent
leur bonheur ; et cet esprit de justice qui maintient l'ordre, est autant du devoir et de l'intérêt des gouvernés que des gouvernans, qui,
par une convention tacite et par la loi de la
nature et de la nécessité, s'engagent réciproquement à garantir leurs droits respectifs. Cette
réunion de la volonté de tous à celle d'un seul,
est naturellement née de la conviction qu'il est
utile d'obéir. Quelle peut être cette utilité ?
C'est le maintien de la tranquillité publique et
particulière, et la sureté des propriétés.

Tous les philosophes se sont accordés à condamner la conduite des gouvernans, sans examiner si ce penchant décidé à censurer la marche des gouvernemens n'est pas autant l'effet de cette jalousie naturelle à tous les hommes contre ceux qui occupent les premières dignités, que le résultat d'un amour sincère de l'humanité. Je conviendrai de bonne foi que les chefs des peuples ont mérité pour la plupart cette animadversion philosophique ; mais encore faut-il que la justice qui doit servir de règle à la conduite des gouvernans soit aussi le principe de celle des gouvernés envers les gouvernans, et même des gouvernés entre eux. Car on ne peut se dissimuler que l'équité, fondée sur la raison et la nécessité, est impérieusement exigée par notre nature. Cette vérité est démontrée par les notions primitives de l'ordre social, des besoins communs à tous les hommes et de leurs intérêts les plus évidens. Je ne vois pas cependant que, d'après ces importantes considérations, les philosophes justement sévères envers les gouvernans se soient déterminés à blâmer avec autant de sévérité la conduite des gouvernés. Quoiqu'il me soit démontré que c'est le plus souvent à l'injustice et à l'inconduite des peuples que l'on peut attribuer les écarts de l'autorité, il faut examiner si les peuples méritent autant d'indulgence de la part des philosophes.

Je prendrai mes exemples parmi les nations soumises au gouvernement démocratique si généralement vanté, et qui ont fourni les plus grands modèles en vertus publiques et en vertus privées. Miltiade, général Athénien, le vainqueur de Marathon, accusé par Xantipe devant l'assemblée du peuple d'intelligence avec le roi de Perse, quoique le crime ne put pas être prouvé, fut condamné à être précipité dans le baratre, lieu où l'on jetoit les plus grands criminels. Le magistrat s'opposa à un jugement si inique : tout ce qu'il put obtenir, en exposant les services signalés que Miltiade avoit rendu à la patrie, c'est de faire commuer la peine de mort en une amende de cinquante talens qu'il étoit hors d'état de payer.

Cimon, fils de Miltiade, après avoir procuré une paix glorieuse aux Athéniens et à leurs alliés, aussi grand homme dans la paix que dans la guerre, dont la maison fut l'asile de l'indigent, qui rendit plusieurs de ses concitoyens heureux par ses libéralités, après avoir glorieusement servi sa patrie, eut la douleur d'être banni par l'ostracisme. Aristide, surnommé le juste, et Thémistocle son rival, éprouvèrent le même sort. Vous voudrez bien ne pas perdre de vue la rivalité ou l'opposition de sentimens qui existoit entre ces deux hommes célèbres, afin de vous mettre mieux à même d'apprécier le mérite de la justice populaire dans un état démocratique.

Socrate, déclaré par l'oracle le plus sage des Grecs, fut méprisé par le peuple et but la ciguë pour avoir enseigné une morale libre.

Phocion, qui réunissoit la saine politique à la valeur guerrière, ce héros modeste, ce citoyen désintéressé, après avoir été accusé de trahison et déposé du généralat, fut condamné d'une commune voix, par le peuple, à perdre la vie, et il fut défendu de lui rendre les derniers devoirs.

Enfin l'ingratitude des Athéniens pour Périclès détermina cet homme célèbre à exciter la guerre du Péloponèse, qui fut la cause de la destruction de toutes les républiques de la Grèce. Telle fut et telle dût être nécessairement la fin des excès continuels de ces peuples toujours agités, toujours imprudens, qui ne connurent jamais leurs véritables intérêts.

A Rome, le vainqueur d'Annibal, Scipion l'Africain, ce grand homme qui avoit donné tant de preuves d'attachement aux intérêts de la république, qui n'avoit d'autre passion que celle de la vertu et de la gloire de sa patrie, fut réduit à soutenir le triste rôle d'accusé.

Scipion l'Asiatique fut condamné à une amende pour le même prétendu crime de péculat, dont on avoit accusé son frère.

Scipion l'Africain, le jeune, vainqueur de Carthage et de Aumance, fut étranglé dans son lit par ordre des triumvirs. Ainsi périt le second Africain qui égala ou même surpassa le vainqueur d'Annibal par sa valeur, par ses grandes vues politiques et par son amour pour la patrie.

Les Gracques furent massacrés, l'un devant le capitole qu'il avoit sauvé des flammes, l'autre sur la place publique qu'il avoit affranchie.

En Hollande, Jean de Wit, ce grand homme de qui son ingrate patrie n'auroit jamais pu reconnoître assez les services, fut assommé par le peuple avec Corneille de Wit son frère. Les cruautés exercées sur les corps des deux victimes sont peut-être ce que la fidélité de l'histoire a jamais transmis de plus horrible et de plus honteux pour une nation.

Je termine ici la série dégoûtante de ces injustices cruelles; car vous ne doutez pas qu'il me seroit facile d'y joindre d'autres faits aussi révoltans, tirés des histoires des démocraties anciennes et modernes, qui attestent la fureur délirante des peuples abandonnés aux agitations.

du gouvernement démocratique , que l'on compare , avec raison , à une mer orageuse , perpétuellement soulevée par des vents opposés. Ces différens peuples , me direz - vous , ont confessé publiquement leurs erreurs ; ils ont rendu , après la mort et même du vivant de quelques-uns de ces grands hommes, les hommages qu'ils devoient à leurs talens et à leurs vertus ; mais d'après les exemples funestes de ces injustices atroces, l'homme de bien n'est-il pas autorisé à se faire cette question toute naturelle : Quel est donc le grand avantage du gouvernement démocratique, de ce gouvernement qui n'a pas même la force de préserver la gloire et la vertu de la peine de mort, de la dégradation et de l'infamie ? (1)

Convenons-en , mon cher Ariste , le mot de liberté est un de ces mots magiques que l'imagination exalte et que l'on adore sans les comprendre ; on ne sauroit définir avec précision ce que personne n'entend avec mesure. Que veulent ces hommes qui soupirent si ardem-

(1) La calomnie a perdu tous les Etats démocratiques , parce qu'elle les a privés de leurs meilleurs citoyens : elle est l'arme favorite des intrigans et des ambitieux. Les Athéniens avoient élevé un autel à la calomnie : ce fut cette divinité trop puissante qui fit immoler leurs plus illustres concitoyens.

ment après la liberté démocratique ? satisfaire
leurs passions. Que veulent les ambitieux qui
parlent si librement ? des esclaves. Que vouloit
le sénat romain, en disant au peuple : sois
libre ? qu'il combattit servilement pour la gloire
du sénat ; et quand les orateurs d'Athènes ex-
citoient la multitude à s'affranchir des Ar-
chontes, que vouloient-ils ? l'enchaîner à leur
tribune et la disposer à l'assassinat du prémier
citoyen qui auroit excité leur jalousie par ses
talens et ses vertus.

La liberté n'exista point dans les démocraties
anciennes, puisque l'ambition y domina sans
cesse et immola chaque parti l'un après l'autre.
Ici un homme avoit tout à craindre d'un magistrat et un grand homme tout à redouter d'un
intrigant ; là, le peuple, au lieu d'être placé
sous l'égide de la loi, se trouvoit au milieu de
plusieurs sectes ennemies.

Je le répéterai, toutes les formes de gouvernement sont bonnes, quand elles sont fondées
sur l'équité (1) : elles ne sont fondées sur l'équité
que quand elles donnent aux chefs le droit et
la force de contenir les passions des hommes
et de les ramener à l'observation de leurs de-

---

(1) D'après Cicéron, dans tout Etat où règne la justice, le despotisme même devient république ; *res po-
puli*.

voirs. C'est ainsi que l'ordre, cet objet principal de toutes les associations politiques, doit se
maintenir, parce que, comme je l'ai dit plus
haut, l'esprit de justice qui maintient l'ordre
est autant du devoir et de l'intérêt des gouvernans que des gouvernés. Il existe en effet une
dépendance réciproque entre la félicité des
peuples et celle des souverains : mais les abus?
il en existera dans tous les gouvernemens, tant
que les nations seront gouvernées par des hommes. Je dirai plus, les mêmes constitutions
montreront des vices ou des vertus, selon que
leur exécution sera confiée à des mains infidèles ou à des hommes justes..... Et les talens?..
J'observerai, à cet égard, que pour gouverner
de manière à rendre les peuples heureux, il
ne faut ni un travail excessif, ni des lumières
surnaturelles, ni un génie merveilleux; il ne
faut que de la droiture, de la vigilance, de
la fermeté, de la bonne volonté. Une ame trop
exaltée peut quelquefois manquer de prudence;
un bon esprit est souvent plus propre à gouverner les hommes qu'un génie transcendant :
tout homme de bien a ce qu'il faut pour gouverner un état; tout chef qui voudra sincèrement le bien, trouvera sans peine des coopérateurs; il fera naître autour de lui une émulation de talens et de mérite non moins utile à

ses intérêts qu'à ceux du peuple. Celui qui voudra connoître la vérité, aura bientôt les lumières nécessaires pour administrer sagement. Enfin tout chef qui s'attachera fortement à la justice, la fera régner dans l'Etat et la rendra respectable à tous les citoyens. La justice et la force, voilà les vertus des chefs des peuples. Il n'y a peut-être rien de plus sublime dans la nature que l'alliance du pouvoir avec la justice. Partout les foibles sont en grande majorité ; et quel spectacle plus consolant pour eux que celui d'un être tout puissant qui protège le foible contre le fort ? C'est l'image d'un homme qui fait sur la terre les fonctions de la divinité.

Mais enfin quel moyen employer afin d'éviter qu'un gouvernement ne tombe en des mains infidèles ? Il faut en convenir à la honte de l'humanité, si ce moyen paroît facile à indiquer, il n'est pas moins difficile à réaliser.

Que l'on imagine telle société d'hommes que ce soit, de commerçans, par exemple ; pour en obtenir les avantages que doivent se proposer les associés, on commencera par établir un ordre quelconque avec un chef ou directeur principal, chargé de faire valoir et défendre les intérêts de la société : peut-on alors se persuader que ce chef, s'il se présente dans le

2

cours de ses fonctions des circonstances à l'aide
desquelles il lui sera facile d'éluder ou d'atté-
nuer à son bénéfice particulier les conventions
générales ; peut-on se persuader , dis-je , que
ce chef n'abusera pas des pouvoirs qui lui sont
confiés , et qu'il emploiera toute la sollicitude
et l'activité nécessaire à la conservation des
intérêts de tous les sociétaires , sans aucune
considération pour son intérêt personnel ? La
corruption des mœurs et la foiblesse humaine
ne permettent pas de compter sur cette étendue
de délicatesse dans la conduite d'un homme.

Mais encore dans ces sortes d'associations
tous les avantages sont connus ou supposés connus d'avance ; tous les sociétaires ont le même
intérêt de procurer à la société les mêmes avantages qu'ils partageront infailliblement. Il ne
paroît pas ainsi qu'il y ait à craindre de division dans les intérêts, de rivalité ou d'ambition
personnelle ; tous semblent devoir concourir
au même but, puisque tous ont les mêmes droits
et que ces mêmes droits sont déterminés par
tous les associés , d'après leur consentement
unanime et la liberté la plus entière. Cependant, malgré toutes les précautions prises, et
indépendamment de toutes les clauses et conditions établies , prévues et à prévoir, il est
rare que ces associations se prolongent ou se

maintiennent sans discussions entre les parties contractantes. Alors il faut recourir à un médiateur en chef, la justice, qui tranche sur tous les intérêts et les fixe en dernier ressort, dont le résultat peut devenir funeste aux uns, ou aux autres des associés, qui se persuadent, tous, chacun en ce qui le concerne, être fondés dans leurs prétentions respectives.

Quelle autre latitude n'ont pas les passions humaines, au milieu des sociétés politiques, et quelles clauses ou conditions assez précises peut-on établir dans un pacte social de plusieurs millions d'hommes, afin de produire l'heureux effet de les contenir dans le cercle de cette justice exacte, nécessaire pour assurer à chacun l'intégrité de ses droits, qui soient encore capables de circonscrire à ce point les droits du chef ou des chefs, qu'ils ne puissent jamais en abuser ? L'esprit humain s'en occuperoit vainement. Enfin il est impossible d'imaginer aucune société, aucune assemblée d'hommes, ni même de famille, qu'on ne les suppose présidées ou dirigées par des chefs qui, en cette qualité, doivent avoir des droits particuliers, résultans de la confiance des associés, de laquelle confiance il peut résulter des abus, quelques moyens que la prudence humaine puisse imaginer pour s'en garantir ; et comme on ne

peut se dissimuler que l'homme le plus parfait
n'est que celui qui a le moins de défauts, on
doit être convaincu d'avance que tout homme
élu ou parvenu à la dignité éminente de chef
d'une nation, est nécessairement affligé de
quelques défauts inséparables de la foiblesse
humaine.

Tous les hommes exigent avec raison que les
chefs des peuples soient justes : l'intérêt particulier de ces chefs les invite même à être
justes, puisque leur sort ne peut s'agraver que
par leurs injustices ; mais les hommes, en se
réunissant en société, contractent aussi l'obli-
gation d'être justes les uns envers les autres ;
cependant, lorsqu'ils trouvent les moyens de
s'en dispenser en faveur de leurs intérêts particuliers, s'en trouve-t-il beaucoup qui rem-
plissent avec exactitude ce devoir si essentiel
au bonheur de tous ? et peut-on se dissimuler
encore que si les gouvernans commettent des
injustices, elles ne soient pas pour la plupart
facilitées et même provoquées par quelques
membres de la société ? Au milieu de cette
immoralité profonde, je le demande à l'homme
impartial, n'est-ce pas aux gouvernés encore
plus qu'aux gouvernans que l'on doit imputer
les injustices qu'éprouvent les peuples ? Si les
hommes étoient plus justes les uns envers les

autres, il n'y a pas de doute qu'ils éprouve-
roient beaucoup moins d'injustices de la part
des gouvernans. C'est d'après ces réflexions,
dont la vérité est confirmée par l'expérience,
que je me suis cru fondé à dire que c'est le plus
souvent à l'inconduite des peuples que l'on
peut attribuer les écarts de l'autorité. Chaque
individu cherche à tirer parti de sa puissance
éphémère, et s'embarrasse fort peu de ce que
deviendront après lui ses concitoyens et la patrie.

Depuis l'existence connue des gouvernemens,
tous les hommes de génie se sont évertué l'imagination pour former des plans de gouvernement démocratique et pour inventer les meilleures formes d'élection populaires; qu'en est-il
résulté? Quelques instans d'enthousiasme, et,
en dernière analyse, la corruption, le règne de
l'intrigue, le désordre et la tyrannie populaire
la plus désastreuse de toutes les tyrannie. La
multitude, lorsqu'elle jouit de l'autorité, devient le plus cruel des tyrans; les hommes ainsi
confondus commettent le crime sans remords,
parce que la honte en est supportée par un plus
grand nombre de coupables. D'ailleurs, et
même avec les meilleures intentions, l'expérience des siècles n'atteste que trop qu'il n'y a
rien sur quoi l'on doive moins compter que sur
les dispositions de la multitude.

D'après cette expérience funeste , n'est-on pas obligé de convenir qu'il faut à l'homme un frein, c'est-à-dire une autorité forte et sévère , qui contienne dans de justes bornes les passions qui l'agitent ? A quels excès ne se porte pas l'homme passionné : la haine le domine-t-elle, il ne lui est plus possible de goûter aucun repos. Esclave de la fureur de ses mouvemens , il ne sauroit leur résister ; il donne dans tous les excès : la compassion est banie dans son cœur, tout devient la victime d'une licence effrénée ; il viole les lois les plus saintes de la nature ; réuni en société , dans l'intention d'en obtenir un échange de secours et d'assistance dans ses besoins, il n'y trouve au contraire que défiance et inimitié : toute la terre , au lieu d'être l'asile du bonheur, ne représente qu'un champ de bataille ; la calomnie, l'envie, la jalousie sont ses principales vertus, et les instrumens homicides sa parure favorite. Impatient de détruire ses semblables, pour s'emparer de leurs dépouilles , il semble ne méditer que des expéditions sanguinaires. Il est difficile de concilier ces horreurs avec les attributs qui doivent caractériser un être raisonnable ; mais cette contradiction s'explique quand il s'agit du cœur humain, susceptible des affections et des sentimens les plus contradictoires. Ainsi les hom-

mes se réduisent à cet état d'abrutissement pire
que celui des bêtes de somme qui partagent
leurs travaux : leur seul bonheur est la mort,
qui les allège du fardeau de la vie ; mais sans
mœurs ils ont du génie et point de vertu. Ce
tableau est affligeant ; mais le tableau des erreurs du genre humain doit souvent produire
cet effet.

Des hommes rares et précieux à l'humanité,
qui dans leurs méditations profondes se sont
essentiellement occupés du bonheur de leurs
semblables, qui, par une attention continuelle
sur eux-mêmes et par un effort constant à ré-
primer leurs passions, ont réussi à en tempérer
l'effervescence et à se dégager de cet intérêt
personnel qui divise les sociétés ; qui se sont
ainsi acquis le titre éminent de philosophes ;
ces hommes célèbres par leurs talens et par
leurs vertus ont raisonné d'après cette élévation
de sentimens qui les animoit, ils ont prêté aux
autres hommes cette raison éclairée qui devroit
suffire pour leur faire adopter les sentimens de
justice qu'ils se doivent réciproquement. Ils ont
enfin jugé les hommes tels qu'ils devroient être,
ayant toujours devant les yeux le flambeau de
la raison perfectionnée qui les éclaire, et l'ame
dégagée de toutes les passions qui les égarent.
Cette perspective est séduisante sans doute ;

mais malheureusement l'expérience ne prouve que trop que ce tableau d'une philantropie philosophique qui représente les passions humaines en harmonie avec la raison, est bien loin d'être le tableau de la vérité. Ainsi les philosophes, à l'aide d'une philantropie exagérée, en divisant l'autorité jusqu'à l'infini, afin d'y faire participer tous les citoyens d'une manière plus rapprochée, en ont tellement étendu le ressort, qu'ils en ont atténué toute la force ; et pour nous éviter l'oppression, ils nous ont conduit involontairement à l'anarchie.

Un de nos plus célèbres philosophes, celui dont la vie privée fut le modèle de toutes les vertus et la profondeur de son génie la lumière de tous les siècles, Helvétius, n'a pas échappé à cette exagération philantropique. Pour prouver que dans un gouvernement arbitraire la tranquillité qui y règne n'est pas toujours la preuve du bonheur du peuple, il le compare à un cheval serré par des morailles, qui, en cet état, souffre, sans remuer, les plus cruelles opérations, et qui, étant mis en liberté, se cabre au premier coup. Cette comparaison forme une belle image ; mais elle n'est pas conforme à l'esprit de sagesse qui animoit son auteur. Le cheval serré par des morailles représente bien l'homme douloureusement placé sous le fouet

de la tyrannie ; mais le coursier en liberté qui
se cabre représente aussi l'homme abandonné
à la fougue de ses passions : *est modus in rebus;*
la sagesse commande d'éviter tous les excès.

Nous ne sommes plus, il est vrai, à l'époque
de ces siècles d'ignorance et de barbarie, où
l'on pouvoit persuader aux hommes que tel individu étoit spécialement désigné par la divinité pour les gouverner; mais l'expérience nous
a démontré que le maintien de l'ordre exige
essentiellement que l'autorité soit concentrée,
et particulièrement réservée à un régulateur
suprême, de manière que les individus dési-
gnés pour être ses coopérateurs ne la partagent
que dans l'exécution ou dans les conseils, et
que la volonté prépondérante soit essentiellement la volonté du chef.

Les philosophes, au contraire, ont donné
cours à leur système dangereux de convention
libre, de pacte volontaire fait entre les gou-
nans et les gouvernés. Ils ont supposé pour base
à l'autorité publique des clauses consenties de
part et d'autre, dont la violation entraînoit la
nullité du pact. Ils ont prétendu que cette idée
étoit la seule barrière qui pût garantir les gouvernés de l'oppression : ils n'ont pas prévu que
c'étoit au contraire les y livrer sans ressources.
Qui ne voit qu'un pareil traité seroit le germe

des révolutions les plus terribles et les plus continuelles.

Où ? comment ? entre les mains de qui auroit-il été passé ? quel en seroit le garant ? Le peuple : il nommeroit des inspecteurs pour le faire observer. Mais qui est-ce qui fixeroit le nombre de ces inspecteurs ? de quel moyen se servir pour empêcher qu'on ne les corrompe ? ne deviendront-ils pas en peu de tems les chefs ? ils pourront donner des ordres au gouvernement ; ils seront donc ses maîtres ? le peuple aura donc gagné d'augmenter sa charge ? et pour se délivrer d'un pouvoir qu'il redoutoit, il en aura créé deux, que leurs disputes rendront encore plus redoutables.

On parle des Ephores à Sparte, qui, dit-on, y tempéroient la royauté, sans la détruire ; mais c'est une pure méprise de mots. Ce n'étoient pas des rois que ces prétendus princes de Sparte ; c'étoit des magistrats subordonnés, des généraux qui déposoient presque tout leur pouvoir en rentrant dans la ville : les vrais souverains étoient les Ephores, puisque la royauté elle-même fléchissoit sous eux.

Ainsi donc cette nomination d'inspecteurs, ce prétendu équilibre des pouvoirs, n'opéroit d'autre effet que de troubler perpétuellement la société. On déchiroit la patrie en feignant

de la venger. Les malheureux citoyens, tour-
mentés par leurs libérateurs encore plus que
par leurs chefs, ne recueilloient de tant d'efforts que des calamités successives èt une oppression constante ; ils périssoient entre leurs
défenseurs et leurs ennemis, comme une brebis
qu'un dogue veut arracher au loup qui l'em-
porte, se sent mettre en pièces, tandis que
chacun d'eux la tire par le côté qu'il a saisi.
Tel fut le résultat de nos convulsions révolutionnaires.

Les hommes, toujours excités par l'intérêt
personnel, toujours animés par l'ambition, se
sont agités dans tous les sens ; non pas pour arriver à la meilleure forme de gouvernement ;
parce que si la majeure partie n'avoit eu essentiellement que ce but, avec de la modération,
de la sagesse et de la réflexion, il leur eut peut-
être été possible d'y parvenir ; mais afin de
s'arroger chacun l'autorité qu'ils ambitionnent
tous. De là cette disposition générale dans les
assemblées populaires à médire de ses concitoyens, à les calomnier et à décréditer tous les
concurrens, comme autant de rivaux ou de
prétendans à l'autorité, que chacun veut s'approprier ; de là tous les excès de jalousie revê-
tus du manteau du patriotisme ; et de là cette
haine plus vive contre les véritables amis de la

patrie, contre les hommes probes et les plus
instruits; parce qu'ayant évidemment plus de
droits au pouvoir, il faut plus d'efforts pour les
en éloigner. Enfin les hommes avilis par les
prétentions les plus insensées, toujours stimulés
par l'amour-propre et l'ardeur de dominer,
appellent à leur secours l'esprit de parti, fo-
mentent des factions, afin de mieux réussir,
au milieu de l'agitation générale, à s'emparer
de l'objet de leur ambition, prêt à s'échapper.
Ce poison contagieux répandu dans tous les
cœurs, par l'adresse des intrigans et des ambitieux, infecte les sociétés entières, et les nations enivrées de fureur se déchirent de leurs
propres mains.

D'ailleurs, si des hommes totalement voués
à l'étude et à la méditation, se perdent dans
cet abîme d'hypothèses et de considérations
politiques, qu'il convient de concilier pour en
obtenir un gouvernement fondé sur la justice,
ne seroit-ce pas le comble du délire d'espérer
qu'un peuple entier, ignorant en général, dis-
trait par des occupations sans nombre, inca-
pable du moindre raisonnement méthodique,
pût tenter avec succès un pareil projet? Une
multitude peut-elle jamais être assez éclairée
pour exercer ses droits avec discernement ? Ce
n'est jamais son propre vœu que le peuple émet:

il est des gens officieux qui ont l'art de diriger secrètement ses suffrages.

On a ainsi épuisé à la longue toutes les formes possibles de gouvernement, et l'expérience a démontré que le gouvernement le plus durable, qui a le plus de moyens en lui-même de procurer aux peuples la tranquillité et le bonheur, est celui qui a le plus de force pour ramener tous les citoyens à leurs devoirs respectifs ; et en effet, la force du ressort doit être en raison de la résistance des différens rouages de la machine qu'elle doit mettre en mouvement. Plus les empires sont vastes, plus le pouvoir qui les gouverne doit être énergique et uniforme ; l'unité de chef est indispensable pour un grand peuple. L'exacte justice et l'inflexibilité dans ceux qui gouvernent sont les gages du salut des hommes de bien.

Le pouvoir de tout faire est redoutable sans doute, même pour celui qui le possède (1) ; mais croyons-en Mirabeau : *les grandes institutions, les réformes importantes, la régénération des empires, n'appartiennent qu'à des gouvernemens forts.* Cependant un gouvernement fort, tel que je me le représente, n'est

---

(1) Que l'art de gouverner est difficile, et combien se trompe le vulgaire, qui croit tous les souverains heureux !

pas un gouvernement arbitraire ; mais celui qui, conformément à des lois fondamentales déjà établies, doit investir les gouvernans de cette étendue d'autorité qui leur est utile, afin de régulariser la marche politique et sociale de tous les citoyens sans distinction, pour l'avantage général de la société. Ainsi, avec cette grande étendue d'autorité il ne faut pas croire que les chefs des peuples soient sans frein ; ils en reçoivent un de la nature du gouvernement et des principes de justice qui le constituent ; et ce frein, gage de la paix et du maintien de l'équité, se trouve encore dans la parité de titre et dans la nécessité évidente d'une garantie réciproque que se doivent les gouvernans et les gouvernés, pour la conservation de leurs droits respectifs. Comme chaque titre est de la même espèce, ils ne peuvent se soutenir que par les mêmes moyens ; comme l'un résulte de l'autre, le premier ne sauroit être affermi, si l'autre ne l'est pas. Il n'est point de puissance assurée, si elle n'est conforme à la justice. J'entends donc par gouvernement fort, celui dont le chef, avec la puissance de faire ce qu'il juge convenable pour l'intérêt public, n'a d'autre droit de vouloir que ce qui est conforme aux lois fondamentales et au bien de la société dont le salut est la loi primitive.

Pourroit-on mettre en problême si des hommes , rassemblés pour leurs besoins mutuels , pour jouir en sûreté de la vie sociale , pour être garantis des passions de leurs semblables , ont jamais pu accorder le droit d'anéantir pour eux tous les biens en vue des quels ils vivent en société ?

Je sens qu'on me répétera sans cesse : mais les abus , etc. Je répliquerai constamment qu'il en existera dans tous les gouvernemens , tant que les nations seront gouvernées par des hommes ; j'observerai cependant que dans les gouvernemens où l'autorité est concentrée , le cercle de l'intrigue étant plus resserré , il doit nécessairement en résulter moins d'abus.

Avec une autorité divisée , la division naturelle des opinions des gouvernans doit opérer nécessairement la diversité des opinions des gouvernés , elle entraîne promptement le désordre. Ainsi l'équilibre parfait des pouvoirs , au milieu des passions humaines , n'est qu'un être de raison impossible à réaliser , c'est un pur charlatanisme ; il est aussi impraticable que l'équilibre parfait de l'Europe. Il est donc indispensable que l'autorité soit concentrée entre les mains d'un chef, d'un régulateur suprême : cette autorité est dans la nature , qui veut , pour le maintien de l'ordre , que le pou-

voir soit en force supérieure à la résistance que
peuvent lui opposer l'ambition et l'intrigue (1).
Ainsi que dans une maison bien réglée il ne
faut qu'un maître, de même dans un gouvernement bien constitué la prépondérance du
pouvoir doit résider dans les mains d'un seul.
Quiconque exalté par des idées extrêmes d'in-
dépendance, qu'il prendroit pour des mouvemens héroïques de patriotisme, repousseroit
en pareil occasion la main tutélaire d'une autorité prépondérante, n'auroit pas la moindre
notion d'un gouvernement juste, ni même d'un
gouvernement libre ; point de liberté sans
ordre, point d'ordre sans subordination, point
de subordination sans une autorité prépondérante, point d'autorité prépondérante sans un
régulateur suprême. Quel est en France le régulateur suprême, le mandataire universel de
la nation dispersée ? c'est l'Empereur, inspiré
par le conseil d'état, éclairé par le tribunat et
le corps-législatif, averti et appuyé par le sénat
conservateur. Voilà une marche vraiment lé-
gale. Nier l'autorité salutaire de ce gouvernement, ce seroit s'arroger à soi-même une autorité perturbatrice, ce seroit disputer au gou-

---

(1) Dans une maison bien réglée il ne faut qu'un
maître. *Zoroast, Législation civile.*

vernement le pouvoir exécutif et consultatif qui lui est confié ; ce seroit en un mot préférer l'esprit de l'opposition à celui de la loi , et arborer l'étendard de la révolte sur les remparts de la liberté.

L'unité d'action constitue autant la régularité que la célérité du mouvement. Quand on parlera de bonne foi des abus qui peuvent résulter de l'étendue de l'autorité, on conviendra aussi que les abus que l'on redoute naissent plus particulièrement de la conduite de ceux qui entourent le chef que de lui-même ; et qu'alors une autorité divisée , nécessairement composée de plusieurs chefs , doit produire au moins les mêmes inconvéniens et presqu'infailliblement le désordre , parce que dans cet état de division il ne demeure aucune autorité prépondérante qui puisse le prévenir ou l'arrêter.

Ici je me résume : un régulateur suprême ou une force prépondérante est indispensable pour contenir les passions humaines , dont l'effort toujours dirigé par l'intérêt personnel , tend essentiellement à envahir le pouvoir. Si cette force est divisée , elle est nécessairement atténuée ; alors la prépondérance cesse, les passions fermentées s'élancent , rompent les barrières

de l'autorité, l'anarchie s'en empare et le désordre général en est le funeste résultat.

Je crois devoir aller au devant d'une observation que vous croirez peut-être devoir me
faire, celle que des critiques sévères pourroient
m'imputer, de n'avoir pas toujours eu la même
opinion. Je connois votre bonne foi dans cet
esprit ; je vous répondrai franchement qu'un
nouvel ordre de choses m'a ramené à de nouvelles réflexions ; et j'aurai le courage de dire
avec la même franchise, que ce n'est point
ici un système politique que je soumets à la
discussion , mais une vérité fondée sur l'expérience , que je me fais un devoir de proclamer
pour le bonheur des hommes en général , et
indépendamment de toute considération particulière. D'ailleurs, pourquoi mon changement
d'opinion seroit-il condamnable ? j'ai cru faire
mon devoir , j'ai obéi au cri de ma conscience,
j'en ai acquitté la dette autant qu'il a été en
moi. Mon cœur , j'ose le dire , est vierge
d'autres passions que de celle du bien public :
le plaisir d'y coopérer est mon soutien comme
il est mon unique récompense.

Ainsi je vous dois compte de ces nouvelles
réflexions, parce qu'elles servent de base aux

principes que j'ai consignés dans ma lettre ; les voici.

J'ai d'abord fixé toute mon attention sur la situation politique des différens gouvernemens de l'Europe , et après avoir profondément réfléchi sur le régime différent qui les constitue , j'ai reconnu que le plus ou le moins d'agitation ou de tranquillité qui se manifeste parmi les différens peuples , se trouve toujours en raison du plus ou moins d'énergie qui anime les gouvernemens respectifs. Et l'agitation constante des peuples sous les gouvernemens foibles, m'a convaincu qu'elle provenoit de l'ambition naturelle à tous les hommes qui les porte à secouer le joug de l'autorité , pour s'en emparer ou au moins pour s'en approprier quelques parcelles. C'est l'effet nécessaire de l'intérêt personnel , qui est le mobile de toutes leurs actions. J'en ai tiré cette conséquence , qu'il faut une force coactive pour gouverner les hommes ; mais cet état de contrainte m'a d'abord présenté l'homme dans l'avilissement, je l'ai supposé dégradé ; ce n'est pas ainsi , me suis-je dit , que des êtres raisonnables doivent être gouvernés ; ils peuvent se concerter entre eux pour se donner le gouvernement qui convient le mieux à la dignité de leur existence. Cette réflexion m'a conduit à examiner si les passions des hommes permettoient d'attendre d'eux la modération et la sagesse si nécessaires au succès d'une semblable mesure, j'ai voulu l'appuyer par des exemples ; et je dois convenir que je n'en ai trouvé aucun qui pût permettre de compter sur l'exécution d'un pareil projet.

J'ai senti alors, d'après le raisonnement et l'expérience qui le confirme, que les passions des hommes s'opposent et doivent s'opposer à l'organisation librement concertée entre eux des sociétés politiques : car, comment pouvoir concilier des millions de volontés, que l'ambition naturelle des individus rend essentiellement inconciliables ? et j'en ai conclu qu'il devoit exister un mode fixe et déterminé par la nature pour parvenir à cette organisation. En effet, tout dans la nature se prépare et s'amène de lui-même ; ce qui feroit soupçonner que peut-être la perfection de l'art de gouverner est moins l'œuvre du génie que du tems et de la nécessité. Tous les êtres sensibles ont reçu de la nature un principe d'activité qui les porte à travailler à leur conservation, ainsi que les moyens nécessaires pour s'en occuper avec succès. Ce principe est diversement modifié suivant le degré d'utilité régulièrement attribué à chacun.

L'homme est, sans contredit, le plus essentiel de tous les êtres; il a en conséquence des
moyens plus étendus, afin de pouvoir remplir
ses hautes destinées dans l'ordre de la nature;
mais ces moyens, pour devenir plus puissans,
sont subordonnés à la nécessité de se réunir à
ses semblables. La facilité qu'il trouve dans
cette réunion, non-seulement de travailler à sa
conservation, mais encore d'améliorer son existence, excite en lui le desir d'arriver à la posi-
tion la plus avantageuse, et constitue cette
émulation plus ou moins active, qui l'anime
constamment. Susceptible de perfectionner ses
connoissances, son émulation s'accroît en pro-
portion de ses lumières. Il s'établit ainsi différens degrés de perfection ou de connoissances
entre les hommes, qui donnent à chaque individu des droits à une situation plus ou moins
élevée; ce qui détermine naturellement les dif-
férentes classes des citoyens, et en conséquence
le rang que chacun de ces individus doit occuper dans chaque société politique, comme le
degré différent de civilisation ou de lumières
élève nécessairement à un degré de gloire et
de puissance plus ou moins éminent les divers
peuples de la terre.

Pour se convaincre que cette marche ainsi

graduée est conforme à l'ordre de la nature, il
ne faut pas perdre de vue que les devoirs et les
services que les hommes s'engagent à se rendre
mutuellement, sont le résultat naturel du be-
soin qu'ils ont de s'assurer leurs droits respectifs ; que cette convention tacite n'est pas un
contrat social, comme quelques philosophes
l'ont prétendu, mais une simple loi de la nature, résultante de leur intérêt le plus évident ;
car, comme le dit Buffon, *l'homme ne peut*
rien que par le nombre, n'est fort que par la
réunion, n'est heureux que par la paix.

Les hommes, aidés par la raison et la société
qui la développe, la perfectionne et l'applique,
cherchent naturellement à étendre leurs propriétés, à multiplier leurs jouissances. L'inéga-
lité des dons de la nature et la variété des circonstances, les aident diversement à réussir :
ils n'ont pas tous la même force, la même intelligence, les mêmes talens ;....... mais ils ont
tous les mêmes besoins et les mêmes desirs de
les satisfaire.

C'est ainsi que, conformément à la sphère
d'activité de chaque individu, tous les genres
de talens et de propriété, tous les degrés d'autorité et de puissance, sont mis en évidence,
et, pour ainsi dire, à la disposition des hommes,

comme des primes d'encouragement, afin d'exciter leur émulation, mais toujours dans cette intention manifestée par l'ordre de la nature, qu'il en résulte plutôt l'harmonie générale que l'intérêt particulier. Et en effet, la nature, toujours attentive à conserver les espèces en général, paroît donner moins d'attention à la conservation des individus en particulier.

Cet ordre est si essentiellement l'ordre naturel, qu'il tend constamment à s'établir même dans les sociétés le plus irrégulièrement organisées; et il ne se trouve en général plus ou moins éloigné du degré de perfection qu'il doit avoir, qu'en raison de ce que les passions des hommes s'opposent plus ou moins à ce qu'il s'établisse conformément à la marche tracée par la nature (1).

Quel plus bel ordre, en effet, pourroit-il exister pour les sociétés, que celui qui se trouveroit

----

(1) La nécessité constatée par l'expérience de suivre cet ordre naturel pour le maintien de l'harmonie sociale, démontre en quelque façon l'utilité de ces marques honorables de distinction que les gouvernemens décernent à quelques membres des sociétés politiques.

Ces signes, distribués avec justice, réunissent les avantages précieux d'exciter l'émulation, d'en diriger la marche et d'en signaler les excès.

en harmonie avec les lumières, les talens et les vertus de chaque individu qui doit les former? C'est cet ordre régulier, pacifique et bienfaisant, que les philosophes ont tenté vainement de rétablir, parce qu'au lieu de suivre la marche fixée par la nature, ils ont plus particulièrement fondé leurs spéculations politiques sur la marche irrégulière des passions humaines qu'ils ont prétendu rectifier, pendant qu'il suffisoit d'indiquer aux hommes la route déjà tracée, afin de les garantir de ces égaremens funestes dans lesquels ils doivent nécessairement tomber, en s'abandonnant indiscrètement à l'effervescence de leurs passions.

Chaque individu sent bien naturellement la force de ses moyens et le point d'élévation auquel ses talens lui permettent d'atteindre; mais les passions fermentées multiplient les desirs. Le cœur de l'homme est une arène toujours ouverte à la lutte du vice et de la vertu : séduit par l'apparence, il va toujours à l'extrême; et ses prétentions exagérées le portent nécessairement au-delà du but. Cette ambition désordonnée paroît trop souvent justifiée par le succès; et ces exemples séduisans que la justice réprouve et que l'immoralité consacre, en intervertissant l'ordre de la nature, produisent au milieu des sociétés les plus funestes résultats.

Je sens combien ces réflexions auroient be-
soin de développement, ce que je me propose
d'exécuter dans un ouvrage plus étendu ; mais
sincèrement pénétré de la foiblesse de mes
moyens, il me reste toujours le desir de voir
une plume savante et mieux exercée s'emparer d'un sujet aussi intéressant pour le bonheur
de l'humanité, et le traiter d'après les principes
salutaires d'une subordination justement graduée qu'il convient de mettre en honneur parmi
les hommes, afin de les préserver des événe-
mens désastreux que doivent produire nécessairement ces systêmes exagérés de liberté démocratique, qui, en laissant l'homme sans frein,
et en l'abandonnant sans régulateur déterminé
à la fougue de ses passions, livrent ainsi les
sociétés sans défense et sans garantie aux em-
portemens furieux d'une multitude égarée, capable alors de tous les genres de désordres et
de crimes. Ainsi les erreurs du genre humain
laissent dans l'esprit cette vérité affligeante,
que les hommes abandonnés à leurs passions
ont presque toujours été victimes de leur ignorance et de leurs préjugés.

De combien de flots de sang la terre fut-elle
mille fois inondée, par l'opiniâtreté de quelques spéculateurs qui vouloient faire adopter

aux nations leurs opinions comme des oracles
infaillibles? Que les hommes les plus grands
sont petits aux yeux de ceux qui refléchissent,
et qui voient la foiblesse des ressorts dont souvent la machine du monde est ébranlée! Des
disputes minutieuses, des opinions frivoles, des
hypothèses puériles soutenues obstinément par
des hommes bouffis de la plus sotte vanité,
suffisent pour allumer des haines immortelles
et pour troubler le repos des nations. Qui ne
voit que tous ces excès sont le résultat d'un
intérêt personnel mal entendu, et d'une ambition désordonnée qui en est la suite nécessaire.
Heureux le sage qui sait contenir ses desirs
dans les bornes que la justice et la raison lui
prescrivent!

Je termine ici cette lettre, que vous trouve-
rez peut-être déjà trop longue en raison des
principes qu'elle renferme. Cependant, quoique
je n'ignore pas que les hommes ne jugent des
opinions des autres que par la conformité qu'elles ont avec les leurs, je n'en demeure pas
moins persuadé que quelque opinion qui vous
anime, vous me conserverez toujours le même
degré d'estime et d'attachement. J'en juge d'a-
près mon cœur, vous serez toujours d'avis qu'il
ne faut pas que les hommes se divisent et se

déchirent pour des opinions, puisque, ces opinions, il ne dépend pas souvent d'eux de ne
pas les avoir ; et constamment animés du même
esprit d'union et de concorde, le principal objet
de nos vœux sera toujours le maintien de l'ordre et de la tranquillité publique.

Salut et attachement sincère.

M***., ex-législateur.

www.ingramcontent.com/pod-product-compliance
Lightning Source LLC
LaVergne TN
LVHW022039080426
835513LV00009B/1134